YHDEKSÄN TUOKIOTA

runoja

Kiitos Arjalle myötäelämisestä

HANNU SILLANPÄÄ

Yhdeksän tuokiota

runoja

c Hannu Sillanpää Kustantaja: BoD-Books on Demand, Helsinki, Suomi

Valmistaja: Bod-Books on Demand, Norderstedt, Saksa

ISBN: 978-952-80-0416-5

Sisällysluettelo

ENSIMMÄINEN

Vetäytyy värittömänäkin

täydellinen Suuri Usva

pidättäen henkeä

pois tietäni kun kuljen.

Liikun muistin avulla,

olen täällä, myös tuolla.

Hiljaisuudessa väen

paljoudesta minua

tarvitseville

Omatunto silmäilee

suoraan luojaltaan

perityin ominaisuuksin,

kuuntele, se sanoo.

Meri, sen kala menee

virtojen mukana.

Olen sinun sillä ehdolla,

ettet petä minua!

Sillä kun muut

lähtevät vain minä

olen luonasi.

TOINEN

Olen paljon poissa,

tulen keväällä

ovat kaikki rakkaat

esineistä

lähtien täällä.

Poissa ollessani

tutkin vuodenaikojen

vaikutusta

sielunelämään.

Helmikuu jos

piinaa, lahjojen

vartijan oveen

on turha koputtaa.

Se avautuu ajallaan.

Innostuneisuus

sinänsä, tullessaan

on palkinto.

Se myönnetään

vuosittain.

Innostuneisuuden

neljä vuodenaikaa:

lapsuus, nuoruus,

aikuisuus sitten

vanhuus. Yllättävää.

Kaikki tapahtuu

jaksoissa ja niiden

pituus vaihtelee.

Kierron saavutan

vedellä, hiellä ja verellä.

Kosketan katseellani

aihetta, tutuksi

muuttuvaa.

Tuota hämärän

sokaisemaa jalanjälkeä.

Umpihangen kantamaa

unista lausetta.

Pyörittelen tuntoni

hyppysissä, aivojeni

koteloissa.

KOLMAS

Kirkkaana kiintymys

antaa halauksen.

Rakkauden rakastaja

rakastaa aikaa. Mutta.

Kun sitä ostaa ei voi.

ja elämän ruhtinasta

vaikea lahjoa, sovi

vuodenaikojen kanssa.

Onnellisuus ei ole sattumaa

vaan kehityksen tulos.

Onneni on rakastamani

naisen onni, niin ollen

en tarvitse muuta.

NELJÄS

Puiden lehvästö kuin

meri tuuleton.

Haluaisin puhaltaa

sen henkiin.

Kaiken mitä näen

silmin, sydämellä

tai yritän olla

näkemättä, miten vain.

Kameleontti

ei voi väreilleen.

Niin kuin ei ympärillä

oleva puukaan.

Ihminen muuttumaton.

Maailmakin sama,

vaikka näyttää

toiselta.

Iso ympyrä

sulkeutuu, palaan

lopusta alkuun

Se on oikein.

Tiedän nyt

tässä iässä,

iättömässä.

Jokainen vaihe

testataan mielen

myllyssä, niin

ikään matkan pituus.

Jos sana voittaa,

olen olemassa,

ajatelma kaiken yli,

teorian korkein

periaate ettei ole

muuta kuin

uskollisuus itselle

VIIDES

Rakkaus muuttuu,

se painaa enemmän.

Se on hyvä.

Puhut menneistä,

minä haaveilen yhä.

Kirjoita siitä sanot,

tyhjennä haave ennen

kuin sen tilalla

on aaveita.

Kansi on jo raollaan,

kun avaan valaistun

lumouksen, se on

täynnä elämää.

Tunnelma ei päästä

sisään menijää helpolla.

Jos elämä on kuolemista,

sitten kuolema lienee

elämistä.

Minussa on monta

elämää ja elämisen

varjo on riistaa,

metsästän sen

ennen kuin olen

kuollut. Oikeasti.

Katson taivaalle ja

näen kuolleita tähtiä

korkeudesta sekaisin.

Kuolemattomuus

yliarvostettunakin

on tavoiteltu päämäärä.

Jospa sillä ei ole

kuoleman kanssa mitään

tekemistä.

Vaan suuren Syntymän.

Liputan sille.

Inhimillisyydelle.

KUUDES

Miten löytää onnea

vähästä kun

muutoksen liike

tihkuu ihailua,

kaipuuta.

On tietämätön tästä

ulkopuolinen,

hän ei näe.

Kylmät tunteet

ovat sokeuden äitejä,

näkeville on suotu

myötäelämisen lahja.

Pidän kutsut,

asetan kaksi tuolia.

Juhlaani tulee vain

yksi ihminen, minä.

Vuoroin kumpaankin

tuoliin istun.

Muistelen ja aika

kuluu nopeasti.

Nukahdan,

valo herättää.

Näkyy peilissä

kasvo sees

ja vapautunut.

SEITSEMÄS

Kun lintu, meren kala

muuttuvat fosforiksi.

Tulee tuokioista jokainen

lähelle: kobolttia katoavan

viileyden verho, uneton.

Silloin lähden liikkeelle,

kehystän tyhjyyden vapaudella

ja kun pysähdyn, kuolen.

Olen lähtöpisteessäni.

Sattumaa ei voi omistaa.

Viivat käsiin sinetöidyt

ovat varjoja vain,

totuuden varjoja.

Mielen laihuus

on omani ja se toinen

viha minuun istutettu

on sekin tarpeeton.

Sinänsä kaunis

Maailma on elettävä

tällaisenaan.

Muutos ilmassa

on vain tuulen

tuoma harha.

KAHDEKSAS

Havina kaislikon

on ihmeellistä kieltä.

Se koskettaa syvintä

mieltä, se enemmän

nukuttaa kuin herättää.

Miksi nukahtaisin,

elämäni on kesken,

on saavutusten tahto

jossain minussa oma.

Muisti kirjoittaa sieluun,

tarinan alkua ja loppua.

Tarinan uudella tavalla.

Sillä tavoin sielu on totta.

Loppu ryövää auringon,

peittää maan lehtiin.

Ajatukseton, aiheeton,

hedelmätön kausi.

Tyhjenee mieli, haaveet

jäävät, tuulee, kutsuu

luonto läpi helmikuun

Maaliskuun ja avaan

vihkoni kohoavaan

tunnelmaan.

Huhtikuussa

lumouksen ovea

raotan.

Elämä on lahja.

Haapojen versoja,

ajatusten kasvua.

Verhot silmieni yltä.

YHDEKSÄS

Mitä on kauneus?

Kultahippujen loistoa se on.

Mitä on totuus, hän kysyi myös.

Ja hänelle vastataan: se on

kultahippujen pyöreässä muodossa.

Mitä on ruma,

eikä hänelle puhuta sen jälkeen.

Nukkujat eivät herää ja

puut jättävät kukkimatta.

Elämä on tällöin lähimpänä

kuolemaa.

Opin kaipuun, opin

maisemista muuntuvat ne

mihin tahansa.

Seitsemän vuoden jälkeen

luodaan nahka.

Ostetaan jumalilta kuin

kaupan hyllyltä.

Kruunaa se

Syntymäpäivän,

 on kaapu sitten

minkä värinen tahansa.

Valitsen lopulta

kevään vaalean sävyn.

Sentään kevät.

Useasti sanottu,

valo, pisara, lehden verso.

Mutta on se myös piina,

täyttymys on täytetty

Mitä sen jälkeen?

Toiset kysyvät: mistä

kaikki kaunis tulee?

Kysyn Freudilta vaikka

niin ei pitäisi.

Hänen läsnäolonsa

tuntuu tärkeältä sillä

olen tietämätön ja siksi

kysymykseni on hassu.

Kysyn kuinka pieneen

tilaan mahtuu ihminen,

esimerkiksi itseensä.

Ihminen on valmis, liiankin.

On luova hulluus silkkaa terveyttä.

Jäävät meille vesihelmet,

 puihin paleltuneet hedelmät.

Eikä ole muuta poimittavaa

 kuin illan harmaus.

Tähtien riutoilla valo näkee unta.

Se heijastuu varjona seinälle.

Päivät samanlaisia toistensa kanssa.

Tuulee vaikka ikkuna on kiinni.

Kuin viileys vapisisi iholla.

Tuo vihaisen näköinen

pilvi on kuin maalauksesta,

se ei sadakaan, vaikka

näyttää siltä.

Huomaan että Unen totuus

ummistaa silmiään.

Hyvä niin ja hyvä niin.

Tunnelmia myydään

pilkkahintaan.

Minkä voin, unet ne

vaan ovat sellaisia.

Silloin lähellä, pyöreänä

Helmiäisen kuulto poskellaan,

metsän yllä kuukin

näyttää vihreältä.

Se antaa viisaan vaikutelman

Kohotan katseen ja Tuokio

tulee kuin kotiin.

Jokin mitä ei tiedä

oli tuolla äsken.

Sitä ei tarvitsekaan tietää.